QUESTIONS RÉPONSES 6/8 ans

Les explorateurs

écrit par Rosie Greenwood
traduit par Élisabeth de Galbert

Nathan

Édition originale parue sous le titre :
I Wonder Why Columbus Crossed the Ocean

Auteur : Rosie Greenwood

Illustrations : (h = haut ; b = bas ; c = centre ; g = gauche ; d = droite) Marrion Appleton 8 hg ; Chris Forsey 8 h, 10-11 ; Richard Hook 12-13, 22-23 c ; John James 6 bg, 17 hd ; Peter Jones (John Martin) 14-15 c ; Mick Lacey 16-17, 18-19, 22g, 23 d ; Linden Artists 5 bd ; Mortlemans/Phillips 19, Alex Pang 8 bd ; Neil Reed 24-25 c, 30 h ; Bernard Robinson 4-5 c ; John Spires 12 hd ; Mike White 9 b, 19 b, 23 bd, 25 b, 26 ; Paul Wright 17 bd, 20-21 c ; Peter Wilkes (SGA) pour les dessins humoristiques.

Édition française :

Traduction : Elisabeth de Galbert
Réalisation : PHB — Philippe Brunet et Martine Fichter
Coordination : Véronique Herbold
avec la collaboration d'Aurélie Abah
N° éditeur : 10184919
ISBN : 978-2-09-253288-1
Dépôt légal : février 2012
Conforme à la loi n° 49-956 du 16 juillet 1949
sur les publications destinées à la jeunesse.
Imprimé en Chine

LES QUESTIONS DU LIVRE

Qui furent les premiers explorateurs ?

Les habitants de Nouvelle-Guinée furent parmi les premiers à s'aventurer sur l'océan, il y a environ 3 500 ans. Quittant leur pays, ils commencèrent à explorer l'immense océan Pacifique. Embarqués à bord de simples pirogues, ils se guidaient grâce aux étoiles.

Différents groupes de Polynésiens colonisèrent peu à peu des milliers d'îles du Pacifique.

Où était le pays de Pount ?

Dans l'Antiquité, les Égyptiens voguaient sur la mer Rouge à la recherche du pays de Pount, le « Pays du Dieu », correspondant certainement à l'actuelle Somalie, en Afrique de l'Est. Ils y parvinrent en 1492 av. J.-C. et en ramenèrent des plantes, de l'ivoire, des animaux et de l'or.

Il y a environ 2 300 ans, l'explorateur grec Pythéas, originaire de Massalia (l'actuelle Marseille) atteignit l'Espagne, la France et l'Angleterre. On pense qu'il a peut-être même atteint la Norvège.

Qui était Hannon ?

Il y a 2 500 ans, Hannon quitta la ville marchande de Carthage (sur la côte de l'actuelle Tunisie) pour explorer les côtes africaines et y fonder des colonies. Hannon est l'un des premiers grands explorateurs de l'Histoire.

Hannon partit avec 60 navires de 50 rameurs chacun. Il navigua vers l'ouest, puis vers le sud. Il longea la côte africaine et atteignit peut-être ce qui est aujourd'hui la Sierra Leone.

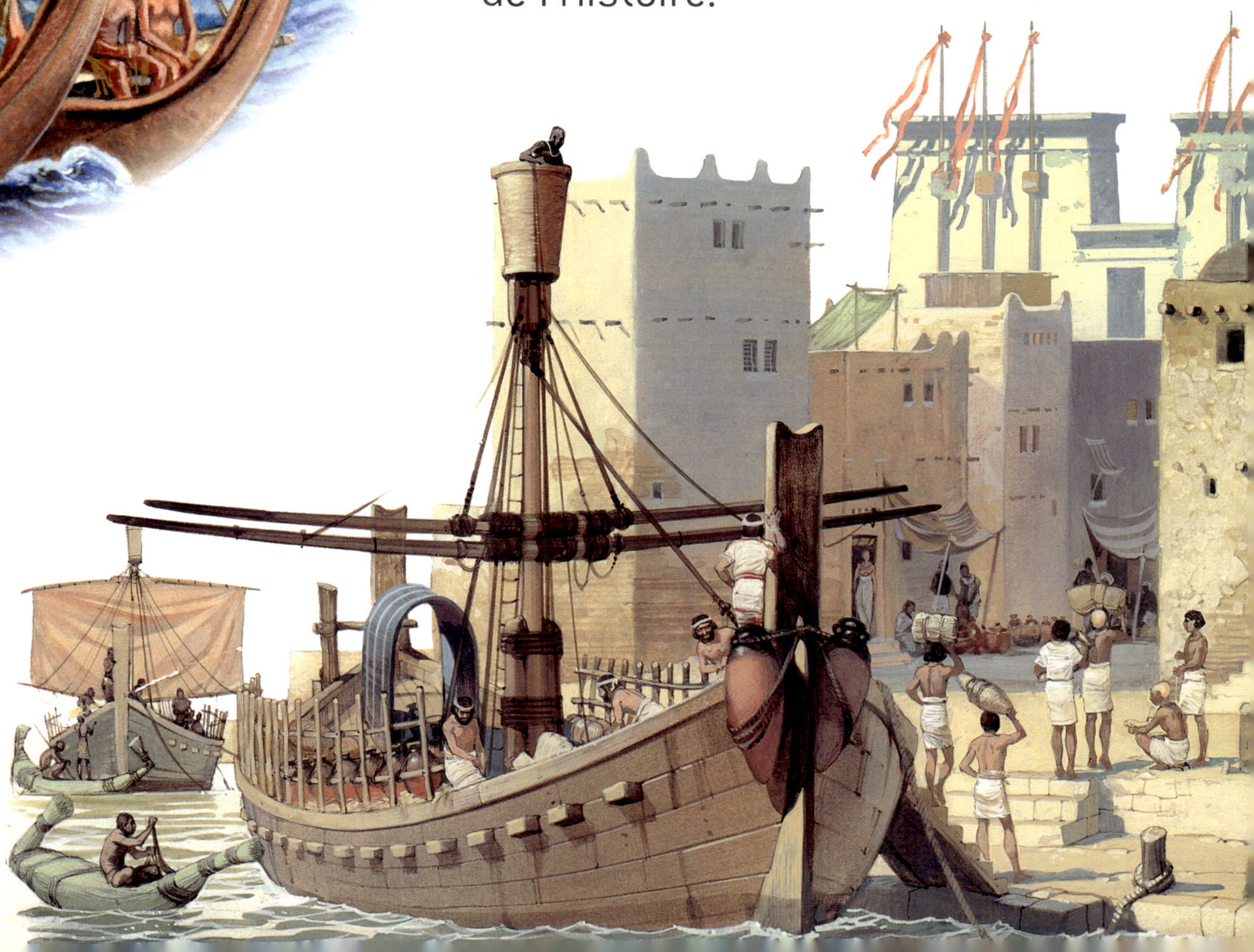

Pourquoi les explorateurs voyageaient-ils ?

Depuis des milliers d'années, de multiples raisons ont pu pousser les explorateurs à partir. Certains cherchaient de nouveaux pays avec lesquels commercer ; d'autres des terres où s'installer. D'autres encore voulaient propager leur foi et convertir les peuples qu'ils découvraient. Beaucoup étaient certainement en quête d'aventure : ils rêvaient de faire fortune et de devenir célèbres.

Vers l'an 1000, des Vikings, conduits par Leif Eriksson, furent les premiers Européens à traverser l'océan Atlantique. Ils atteignirent les côtes d'Amérique du Nord, principalement celles de l'actuelle Terre-Neuve, une île au large du Canada.

Ces cartes indiquent les routes des explorateurs cités dans cet ouvrage.

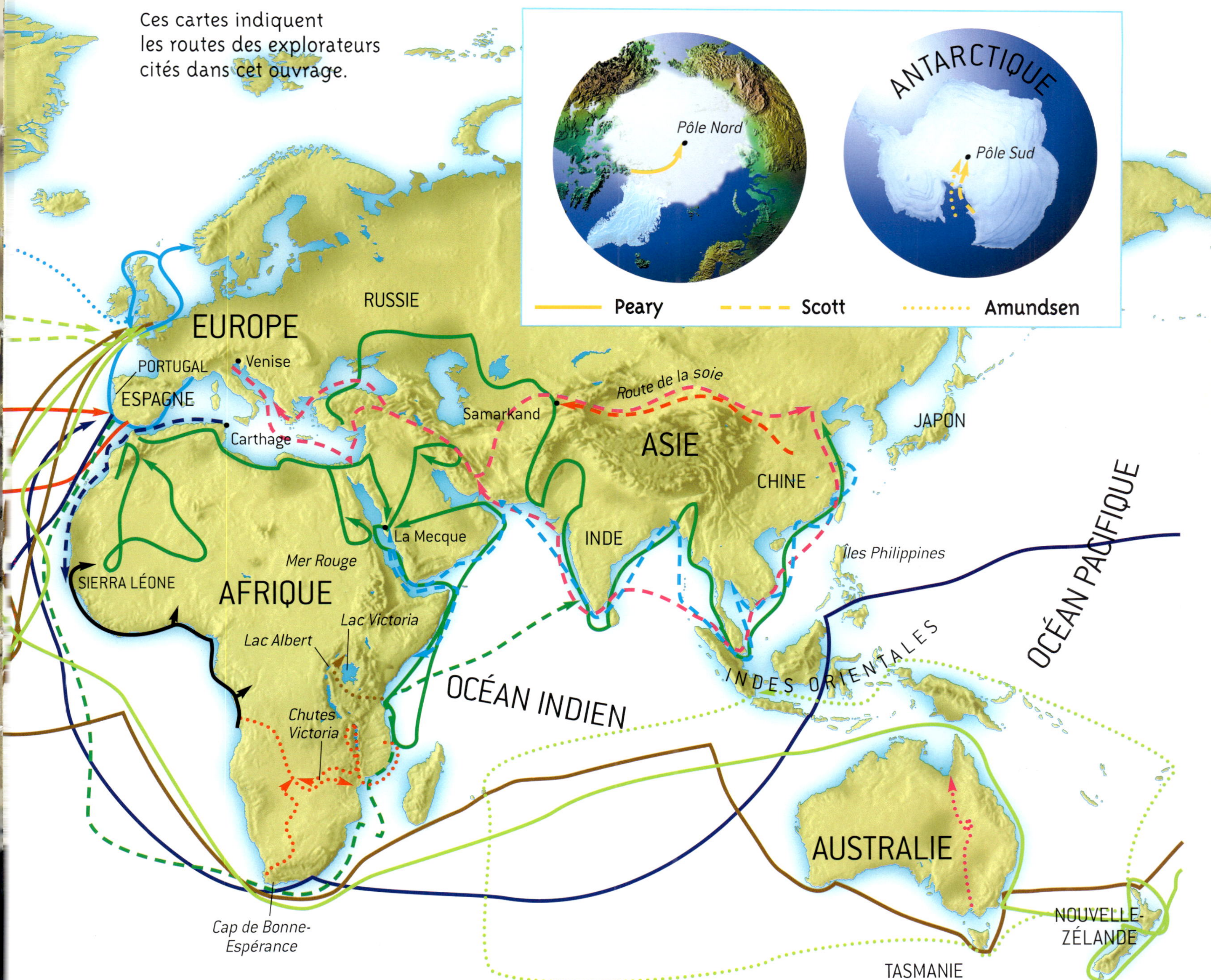

Routes des explorateurs représentées sur les cartes

- Navire le Beagle
- R. Burke et W. Wills
- J. Cartier
- Zhang Qian
- Christophe Colomb
- J. Cook
- H. Cortés
- L. Eriksson
- J. Franklin
- V. de Gama
- Hannon
- Ibn Battuta
- M. Kingsley
- M. Lewis et W. Clark
- D. Livingstone
- F. de Magellan
- F. Pizarro
- Marco Polo
- Pythéas
- J.H. Speke
- A. Tasman
- Zheng He

Comment s'orientaient les premiers explorateurs ?

Les premiers explorateurs qui naviguaient sur les océans n'avaient pas de boussole pour s'orienter. Ils apprirent à se guider en mer en observant le ciel. Par temps clair, la position des étoiles la nuit, et celle du Soleil le jour, était leur unique point de repère.

Au 15e siècle, les navigateurs calculaient leur position en mesurant, à l'aide d'un bâton gradué, l'angle entre l'horizon et un astre. Cet ancêtre du sextant permettait de se situer en pleine mer, hors de vue de la terre, là où ils n'avaient donc aucun point de repère visuel. Ils notaient alors la graduation correspondant à leur position.

La boussole qui indique le nord fut inventée par les Chinois il y a plus de mille ans. Les navigateurs s'en servent pour se diriger.

Les premiers navigateurs calculaient leur vitesse en mesurant le temps que mettait un objet flottant pour aller d'un bout à l'autre du bateau.

Les explorateurs se perdaient-ils souvent ?

Les premières cartes de navigation étaient très approximatives, car on ne savait presque rien du monde. Ce n'est qu'au 16e siècle qu'elles devinrent plus précises, lorsque des explorateurs entreprirent le tour du monde.

Cette carte a été dressée au 2e siècle par le géographe grec Ptolémée. Elle servit pendant des siècles aux Européens.

Quand l'Orient découvrit-il l'Occident ?

L'explorateur et diplomate chinois Zhang Qian atteignit Samarkand, en Asie centrale, en 138 avant J.-C., après un long et dangereux voyage. Premier Chinois à avoir voyagé hors de Chine, il ouvrit les voies de commerce avec les grandes civilisations occidentales, dont celle de la Rome antique. Il rapporta aussi des marchandises alors inconnues en Chine, comme le raisin.

Au cours de l'un de ses premiers voyages, Zhang Qian fut capturé par les Huns. Ce n'est que dix ans plus tard, après avoir appris leur langue, qu'il réussit à leur échapper.

Qui naviguait sur des jonques ?

Les explorateurs chinois naviguaient à bord de voiliers appelés jonques. Au 15e siècle, à l'époque de Zheng He, un célèbre explorateur chinois, elles étaient beaucoup plus grandes que les bateaux européens.

Zheng He remonta la mer Rouge jusqu'en Égypte, puis descendit le long des côtes d'Afrique : il en rapporta une girafe.

Qui voyagea pendant 24 ans ?

L'explorateur marocain Ibn Battuta quitta Tanger en 1325. Ce voyageur passionné se joignait souvent à des caravanes ou embarquait sur des navires marchands. Il parcourut l'Asie occidentale et l'Inde, et navigua jusqu'en Chine. Sa traversée du désert du Sahara jusqu'au Mali en chameau reste célèbre.

Les récits des voyages de Ibn Battuta ont été rassemblés dans un livre. Sa mémoire était sans doute défaillante, car il rapporta avoir vu des hippopotames à tête de cheval et des pyramides coniques.

Qu'appelait-on la route de la Soie ?

La route ouverte en Asie centrale par l'explorateur chinois Zhang Qian fut empruntée par de nombreux marchands circulant entre l'Europe et la Chine. Elle fut baptisée route de la Soie, car la soie chinoise, luxueux tissu, était la principale marchandise transportée. De nombreux autres produits y voyageaient comme de la porcelaine, des épices, de l'ivoire...

Le fil de soie provient des cocons de larves (vers à soie) qui se nourrissent de feuilles de mûrier.

Pendant des siècles, la Chine garda jalousement le secret de la fabrication de la soie. Quiconque révélait ce secret était puni de mort.

En 555, l'empereur Justinien envoya deux moines espionner les Chinois. Ils rapportèrent en secret des œufs de vers à soie, cachés dans leurs bâtons de marche. Plus tard, suite aux croisades, la technique de production de la soie gagna l'Europe occidentale.

Quel explorateur italien emprunta la route de la Soie ?

Marco Polo n'avait que dix-sept ans en 1271 lorsqu'il quitta Venise avec son père et son oncle. Les trois voyageurs naviguèrent jusqu'au Moyen-Orient. Ils continuèrent ensuite leur voyage vers l'Est, traversant différents pays. Ils furent les premiers Européens à arriver en Chine en suivant la route de la Soie.

Nul ne sait vraiment quand les Italiens inventèrent la crème glacée, mais peut-être faut-il remonter le temps jusqu'à Marco Polo qui rapporta de Chine la recette des glaçons.

Pourquoi Christophe Colomb traversa-t-il l'océan ?

L'explorateur italien Christophe Colomb quitta l'Espagne en 1492 à la tête de trois navires. Le but de cette expédition était d'atteindre l'Asie en naviguant toujours vers l'ouest. En traversant l'océan Atlantique, il espérait ainsi ouvrir une nouvelle route commerciale vers l'Asie plus rapide et plus sûre que la route de la Soie.

Comme beaucoup d'Européens à cette époque, Christophe Colomb ignorait que l'Amérique et les îles des Indes occidentales (les Antilles) séparaient l'Europe et l'Asie.

Christophe Colomb débarqua-t-il en Chine ?

Christophe Colomb n'arriva jamais en Asie. Il ne sut jamais non plus qu'il avait atteint un nouveau continent, qu'on appellerait plus tard Amérique. Croyant être arrivé en Asie par l'ouest, on nomma ces terres Indes occidentales et ses habitants... des Indiens !

Le Portugais Vasco de Gama fut le premier Européen à arriver en Inde par la mer en 1497-1498. Il contourna le cap de Bonne-Espérance, puis remonta le long de l'Afrique jusqu'à l'océan Indien.

Comment était la vie à bord des caravelles?

À bord des navires à voile espagnols, les caravelles, les marins n'avaient ni tables, ni lits. Ils mangeaient et dormaient par terre, sur le pont. La vie était pénible et rudimentaire.

Les habitants des Antilles dormaient dans des lits suspendus qu'ils appelaient hamacus (hamac). Les marins espagnols de Colomb copièrent cette idée, ce qui améliora beaucoup leurs conditions de vie.

Qui étaient les conquistadors ?

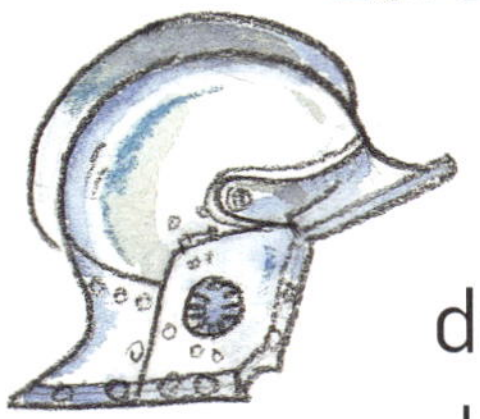

Lorsque les Européens réalisèrent que Christophe Colomb avait découvert l'Amérique et que l'or y abondait, des soldats espagnols et portugais embarquèrent pour faire fortune. Des légendes décrivaient des cités bâties en or, ou des pays merveilleux, comme l'Eldorado en Amérique du Sud, regorgeant de richesses. On appela ces aventuriers conquistadors – mot espagnol signifiant « conquérants » – car ils cherchaient plus à conquérir le Nouveau Monde qu'à l'explorer.

Contrairement aux Européens, les indigènes d'Amérique n'utilisaient pas l'or comme monnaie d'échange. Ils l'appréciaient pour sa beauté.

Les conquistadors furent parmi les premiers Européens à goûter des plantes savoureuses qui ne poussaient alors qu'en Amérique du Sud, comme les ananas, les tomates, les pommes de terre, le maïs et le cacao...

Quelle ville était bâtie sur un lac ?

Tenochtitlán fut construite sur des îles du lac de Texcoco. Comme Venise, en Italie, elle était traversée par des canaux et de longues avenues.

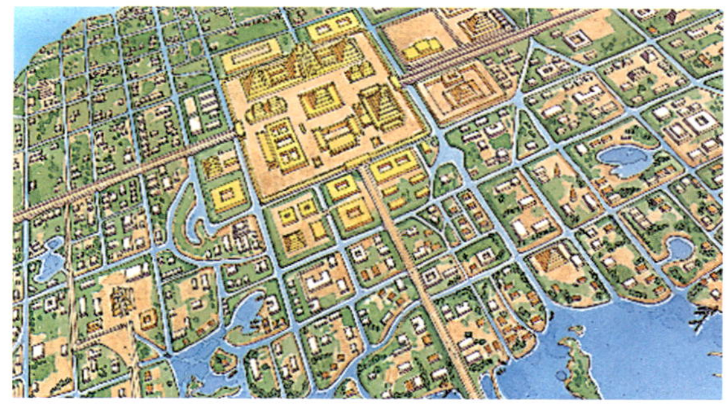

Tenochtitlán, la magnifique capitale de l'empire aztèque – aujourd'hui Mexico – était bâtie sur le lac de Texcoco. Le conquistador espagnol Hernán Cortés fut le premier Européen à découvrir Tenochtitlán. Il détruisit la ville en grande partie, puis y installa la capitale de la Nouvelle-Espagne. Son armée envahit et conquit l'empire aztèque entre 1519 et 1521.

Dans les années 1530, au Pérou, une expédition de conquistadors, conduite par Francisco Pizarro, conquit par la force le vaste empire des Incas.

Où se trouvait la Nouvelle-France ?

En 1534, l'explorateur français Jacques Cartier pénétra au Canada par le golfe du Saint-Laurent. Il prit alors possession de ces terres au nom du roi de France, lesquelles furent baptisées Nouvelle-France. Cette province avait pour capitale la ville de Québec ; la ville existe toujours actuellement au Canada.

Qui suivit la trace des explorateurs ?

En novembre 1620, le Mayflower arriva sur la côte Est de l'Amérique du Nord, au Massachusetts, avec à son bord 102 colons anglais, ou immigrants. Ces premiers colons furent appelés les Pères Pèlerins. Ils sont considérés comme les fondateurs des États-Unis d'Amérique.

L'équipage du Mayflower se moquait des colons qui n'avaient jamais navigué et qui, souffrant du mal de mer, furent malades pendant toute la traversée.

Qui ouvrit une voie dans les montagnes Rocheuses ?

L'Amérique du Nord est si vaste qu'il fallut 200 ans avant que des explorateurs réussissent à naviguer sur ses cours d'eau et à franchir les montagnes Rocheuses pour atteindre la côte Ouest et rejoindre l'océan Pacifique. Meriwether Lewis et William Clark, en novembre 1805, réalisèrent cet exploit.

L'expédition de Lewis et Clark doit en partie son succès à Sacagawea, une femme de la tribu des Shoshone, qui leur servit d'interprète.

Pourquoi l'océan Pacifique porte-t-il ce nom ?

Le premier explorateur qui réussit à contourner le continent américain fut le Portugais Fernand de Magellan, après trois ans de voyage. En 1519, il quitta l'Espagne et traversa l'Atlantique, se dirigeant vers le sud. Il contourna la pointe de l'Amérique du Sud par le détroit qui porte aujourd'hui son nom. Il navigua sur un océan qu'il trouva beaucoup plus calme que l'océan Atlantique, et le baptisa donc « océan Pacifique ».

Magellan partit avec cinq bateaux et 240 hommes. Seuls trois bateaux atteignirent l'océan Pacifique.

La traversée de l'océan Pacifique fut plus longue que prévu. À court de vivres, les hommes de Magellan en furent réduits à manger des rats, du cuir et même de la sciure.

Qui fit le premier tour du monde ?

L'équipage de Fernand de Magellan fut le premier à réussir cet exploit, mais un seul bateau arriva à rentrer en Espagne en 1522. À son bord, dix-huit marins avaient survécu aux naufrages et aux maladies. Magellan ne termina pas son tour du monde. Il fut tué aux Philippines en 1521 par des indigènes qui refusèrent de se soumettre.

Qu'appelle-t-on passage du Nord-Ouest ?

On appelle ainsi la route maritime qui contourne l'Amérique par le nord. Elle fut découverte en 1845 par l'explorateur britannique John Franklin. Mais il ne put aller jusqu'au bout de ce passage. Ses deux bateaux furent pris dans les glaces et la nourriture embarquée se révéla immangeable. Il mourut avec ses hommes sur la banquise.

Pourquoi Livingstone devint-il célèbre ?

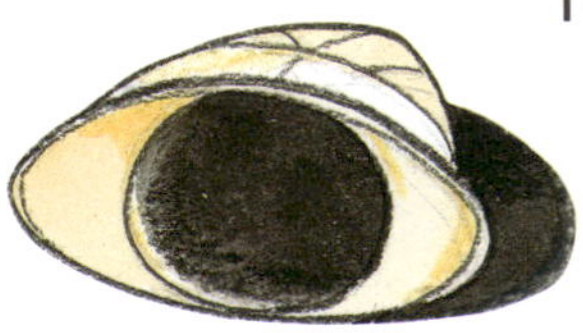

Dans les années 1850, l'explorateur écossais David Livingstone fut le premier Européen à traverser l'Afrique d'ouest en est. Ce fantastique voyage, qui dura trois ans, le rendit célèbre dès son retour en Grande-Bretagne. Ce pasteur contribua à la lutte contre l'esclavage.

Livingstone fut le premier Européen à admirer les spectaculaires chutes Victoria sur le Zambèze.

Qui résolut l'énigme du plus long fleuve du monde ?

Jusque vers 1860, personne en Europe ne savait où naissait le Nil. Livingstone et d'autres explorateurs ont cherché sa source. C'est finalement l'anglais Hanning Speke qui prouva en 1863 que le plus long fleuve du monde prenait sa source en Afrique orientale, au cœur d'un immense lac qu'il nomma Victoria, en hommage à sa souveraine. Ce lac est le plus grand d'Afrique.

En 1864, Florence White Baker et son mari Samuel furent les premiers Européens à voir l'immense lac appelé aujourd'hui lac Albert, en Afrique centrale.

Pourquoi certains explorateurs portaient-ils des robes ?

Parce que c'était des femmes ! Si la plupart des explorateurs du 19e siècle étaient des hommes, quelques rares femmes, courageuses, s'aventurèrent à la découverte de l'inconnu. L'Anglaise Mary Kingsley, dans les années 1890, partit en Afrique où elle étudia le mode de vie des tribus locales et apprit à survivre dans la jungle.

L'Anglaise Mary Kingsley fut la première Européenne à escalader les 4 100 m du mont Cameroun, l'une des plus hautes montagnes d'Afrique.

D'où vient le mot « kangourou » ?

Le mot « kangourou » viendrait de l'australien *kangaroo*, qu'aurait entendu l'explorateur anglais James Cook en débarquant sur la côte Est de l'Australie en 1770. Nul ne sait avec certitude si les aborigènes appelaient vraiment ainsi ces curieux animaux.

Quand les Européens ont-ils découvert le surf ?

Le capitaine Cook et ses hommes furent sans doute les premiers Européens à observer des surfeurs. Ils rapportèrent en Angleterre la description de ce jeu pratiqué à Hawaii, dans le Pacifique.

En 1642, le Hollandais Abel Tasman découvrit une île au sud-est de l'Australie, que l'on baptisa Tasmanie en souvenir de cet explorateur.

Durant leur long voyage, aucun des marins de Cook ne souffrit du scorbut – maladie due à un manque de vitamine C. Ils avaient en effet droit à du jus d'orange et de citron et à du chou rouge au vinaigre, des aliments qui regorgent de cette précieuse vitamine !

Qui traversa l'Australie ?

En février 1861, Robert Burke et William Wills furent les premiers explorateurs européens à traverser l'Australie du sud au nord. L'intérieur de l'Australie était encore inconnu à l'époque. À la tête d'une expédition d'une vingtaine d'hommes, il leur fallut presque six mois pour parcourir 3 000 kilomètres et traverser le continent d'une extrémité à l'autre.

Burke et Wills voyageaient, entre autres, avec deux compagnons, Charles Gray et John King. Seul King rentra sain et sauf, les trois autres moururent de faim pendant le voyage du retour.

Quand le Beagle a-t-il pris la mer ?

Une équipe de scientifiques britanniques embarqua à bord du navire le Beagle dans les années 1830. Le but de l'expédition était de découvrir de nouvelles espèces de plantes et d'animaux et d'explorer des terres inconnues. Un voyage d'étude qui dura presque 5 ans.

Charles Darwin se trouvait parmi les scientifiques embarqués à bord du Beagle. Il avait alors vingt-trois ans.

Les scientifiques du Beagle découvrirent dans les îles Galápagos des tortues géantes qui mesuraient entre 1 et 2 m de long.

Pourquoi certains explorateurs étaient-ils aussi des artistes ?

Avant l'invention de la photo, la seule manière de décrire ce que l'on avait vu était de le dessiner ou de le peindre. Les artistes de cette époque jouaient donc un rôle important dans les expéditions scientifiques, en reproduisant entre autres, les animaux et les plantes observés.

Qui atteignit le premier le point le plus profond du monde ?

En janvier 1960, le Suisse Jacques Piccard et l'Américain Don Walsh furent les premiers à atteindre l'endroit le plus profond du monde : ils descendirent à - 10 916 m dans la fosse des Mariannes, dans l'océan Pacifique. Ils étaient à bord d'un des tout premiers engins appelés bathyscaphes. La descente dura environ cinq heures.

Y a-t-il des cheminées sous la mer ?

Depuis les années 1960, les scientifiques ont découvert des choses étonnantes sous la mer, comme ces cheminées naturelles qui crachent de l'eau chaude et des minéraux montant des profondeurs du fond marin. Ces eaux brûlantes et toxiques foisonnent de formes de vie très étranges.

Qui arriva le premier au pôle Nord ?

Deux Américains prétendirent avoir atteint le pôle Nord : Frederick Cook en 1908 et Robert Peary en 1909.

Personne ne sait avec certitude qui est arrivé le premier, mais le congrès des États-Unis a fait officiellement de Peary le premier vainqueur du pôle Nord.

À l'arrivée, Peary n'était pas seul : il était accompagné de son ami Matthew Henson et de quatre Inuits.

Qui arriva le premier au pôle Sud ?

En 1911, deux équipes conduites par le Norvégien Roald Amundsen et le capitaine britannique Robert Falcon Scott se lancèrent à la conquête du pôle Sud. L'équipe d'Amundsen y arriva la première le 14 décembre 1911. Elle mit 56 jours pour parcourir 1 300 kilomètres de banquise.

L'équipe de Scott arriva au pôle Sud un mois plus tard, le 17 janvier 1912. Les cinq membres de l'équipe moururent de faim et de froid sur le chemin du retour.

Quel est l'animal le mieux adapté aux explorations polaires ?

Les huskies de Sibérie sont des chiens de traîneau très résistants et parfaitement adaptés au climat polaire. C'est grâce à eux qu'Amundsen arriva le premier au pôle Sud. Cinquante-deux huskies tiraient les traîneaux transportant les tentes, la nourriture et le matériel. Les chiens sont aujourd'hui interdits en Antarctique, pour protéger sa faune.

Des poneys constituaient l'attelage des traîneaux de l'équipe britannique. Mais ils n'étaient pas assez résistants et les hommes de Scott furent obligés de tirer les traîneaux à leur place.

Qui fut le premier homme dans l'espace ?

Le Russe Youri Gagarine fut le premier homme à voyager dans l'espace.
En avril 1961, il a fait le tour de la Terre en un peu plus d'une heure et demie.
La première femme cosmonaute fut la Russe Valentina Terechkova, en juin 1963.

En 1957, à bord d'un engin spacial, la chienne Laïka fut le premier être vivant envoyé dans l'espace.

Quand eut lieu le premier alunissage ?

Les Américains Neil Armstrong et Edwin Aldrin furent les premiers hommes à marcher sur la Lune.
Ils se posèrent sur le sol lunaire le 20 juillet 1969. Cette mission spatiale se nommait Apollo 11. Des millions de téléspectateurs assistèrent à cet événement en direct, dans le monde entier.

Reste-t-il encore des endroits à explorer ?

Nous avons encore beaucoup à apprendre sur notre planète. Les grandes profondeurs des océans, et les pôles glacés recèlent toujours de nombreux mystères. Mais les plus grandes énigmes sont certainement au-delà de la Terre. L'espace reste un immense territoire à découvrir pour les explorateurs du futur !

Envoyer des hommes dans l'espace est coûteux et dangereux ; aussi les remplace-t-on par des robots. Depuis 1977, trois véhicules télécommandés ont atterri sur Mars et l'ont explorée.

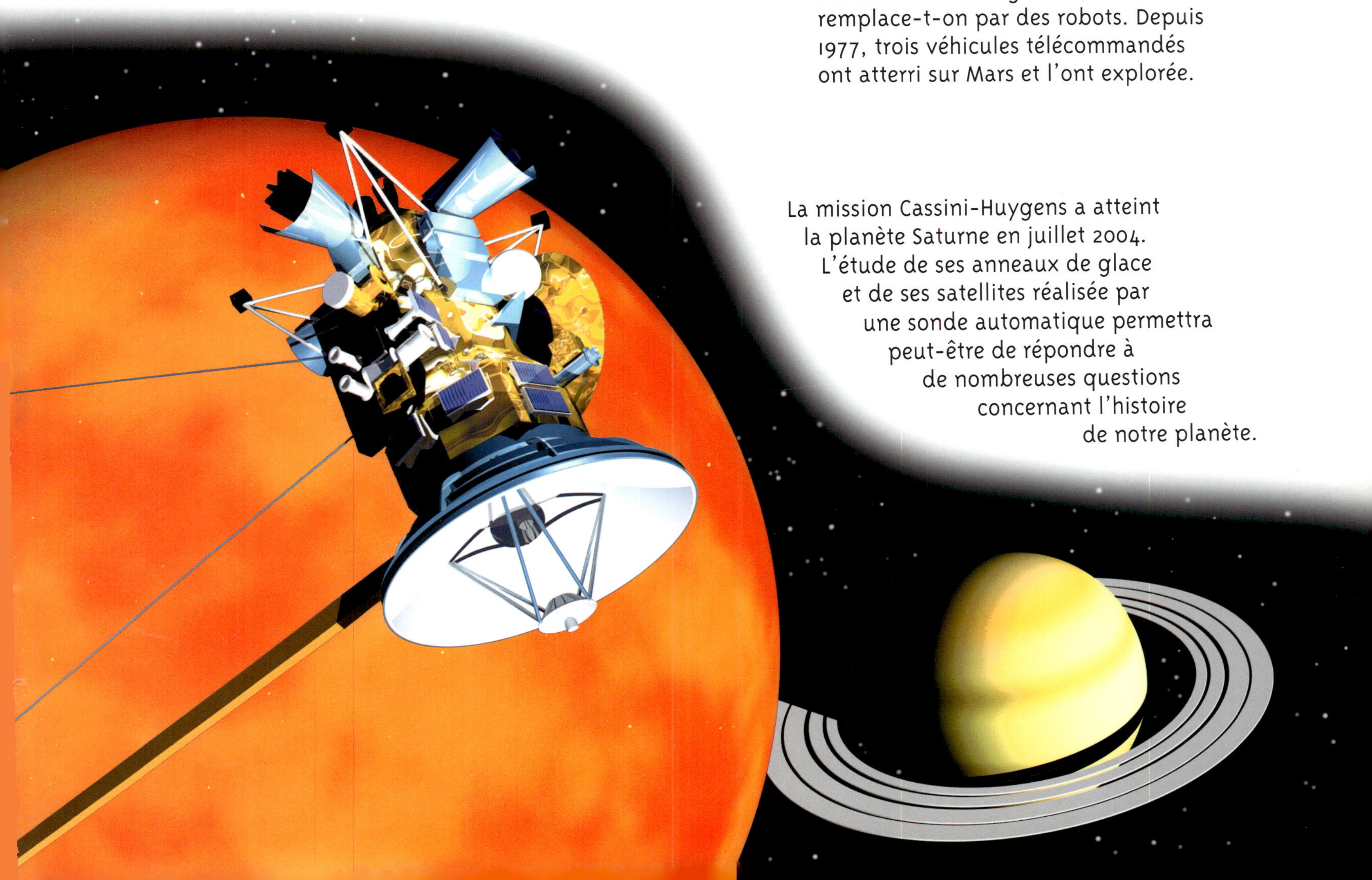

La mission Cassini-Huygens a atteint la planète Saturne en juillet 2004. L'étude de ses anneaux de glace et de ses satellites réalisée par une sonde automatique permettra peut-être de répondre à de nombreuses questions concernant l'histoire de notre planète.

Index